Carlos Pintado es poeta, dramaturgo y escritor de ensayos y de narrativa nacido en Cuba en 1974, que ahora vive en Miami. Autor de más de una docena de libros, ha ganado el Premio Paz del National Poetry Series por su poemario *Nine Coins/Nueve monedas*; el Premio Internacional de Poesía Sant Jordi por su poemario *Habitación a oscuras* y el Sundial House Book Translation Prize por *Music for Bamboo Strings* (traducido al inglés por Lawrence Schimel). Ha publicado en el *New York Times*, *World Literature Today* y *Vogue*, entre otros, y varios compositores y grupos de música clásica han musicalizado y cantado sus versos. *HaiCuba / HaiKuba* es su primera obra para lectores jóvenes.

Carlos Pintado is a poet, playwright, essayist, and fiction writer born in Cuba in 1974, who now lives in Miami. The author of over a dozen books, he won the Paz Prize from the National Poetry Series for his book *Nine Coins/Nueve monedas*, the Sant Jordi International Poetry Prize for his collection *Habitación a oscuras*, and the Sundial House Book Translation Prize for *Music for Bamboo Strings* (translated by Lawrence Schimel). He has been published in the *New York Times*, *World Literature Today*, and *Vogue*, among other periodicals, and numerous composers and classical music groups have set to music and sung his poems. *HaiCuba / HaiKuba* is his debut work for younger readers.

....

Lawrence Schimel es escritor y traductor literario bilingüe (español/inglés), que divide su tiempo entre su ciudad natal de Nueva York y Madrid, España. Como autor, ha publicado más de 130 libros, que han ganado un Premio Crystal Kite de la Society of Children's Book Writers and Illustrators y un White Raven de la Biblioteca Internacional Juvenil en Múnich, y han sido elegidos por IBBY como Outstanding Books for Young People with Disabilities en tres ocasiones. También ha publicado más de 160 libros como traductor, al español o al inglés, que han ganado muchos reconocimientos, entre ellos un Batchelder Honor y un *New York Times* Best Illustrated Children's Books.

Lawrence Schimel is a bilingual (Spanish/English) author and literary translator, who divides his time between his native New York and Madrid, Spain. He has published over 130 books as an author, which have won honors such as a Crystal Kite Award from the Society of Children's Book Writers and Illustrators, a White Raven from the International Youth Library in Munich, and have been chosen by IBBY for Outstanding Books for Young People with Disabilities (three times). He has also published over 160 books as a literary translator, into Spanish or English, which have won numerous distinctions, including a Batchelder Honor and a *New York Times* Best Illustrated Children's Book.

....

Juan José Colsa es ilustrador y diseñador mexicano, nacido en la Ciudad de México. Estudió arquitectura en la UNAM, donde luego fue también maestro. Ha ilustrado muchísimos libros infantiles, e incluso es autor de unos cuantos. Se puede encontrar muestras de su trabajo como ilustrador y de diseño editorial en las páginas web: www.juanjocolsa.blogspot.com & www.patatus.com.mx

Juan José Colsa is a Mexican illustrator and designer, born in Mexico City. He studied architecture at the UNAM, where he later taught as a professor. He has illustrated many children's books, and is even the author of a few. You can find more of his work as an illustrator and designer at the webpages: www.juanjocolsa.blogspot.com & www.patatus.com.mx

HaiCuba
HaiKuba

Haikus sobre Cuba
Haikus about Cuba

Carlos Pintado & Lawrence Schimel

Juan José Colsa

Norte
Sur

Presentación

Un haiku es una forma de poesía que proviene de Japón. Cada poema tiene 3 versos: el primero y el último contienen 5 sílabas y el intermedio contiene 7 sílabas.

Aquí va un ejemplo:

Zunzún

Un rastro de luz   >   5 sílabas

que conmovió al jardín   >   7 sílabas

en un momento.   >   5 sílabas

Este es un libro de haikus que celebra la cultura, costumbres y la gente de la isla de Cuba. Haikus sobre Cuba. HaiCuba. HaiKuba.

Introduction

A haiku is a poetic form from Japan.
Each poem has 3 lines: the first and last lines
have 5 syllables each, and the middle line has 7 syllables.

Here's an example:

Hummingbird

A swift streak of light   >   5 syllables

delighted the whole garden   >   7 syllables

for a brief moment.   >   5 syllables

This is a book of haikus celebrating the culture,
customs, and people of the island of Cuba.
Haikus about Cuba. HaiCuba. HaiKuba.

Cuba

¿Es una isla
o un barco flotando
sobre las aguas?

Cuba

Is it an island
or a tiny ship floating
upon the waters?

Tocororo

Rojo y azul
y blanco: posado es
una bandera.

Tocororo

Red and white and blue:
perched upon a branch it looks
almost like our flag.

Río Almendares

Lo que refleja
es un sueño del bosque
sobre sus aguas.

The Almendares River

Upon its waters
lies the flowing reflection
of the forest's dreams.

Palma Real

Siempre callada,
al mecer el penacho,
¿será que habla?

Palma Real

Always so silent,
when its crowning branches move,
could it be talking?

La Guagua

Lejos o cerca,
apretaditos vamos
a todas partes.

The Guagua

Whether our journey's
near or outside the city,
we all squeeze on board!

Barrio habanero

Ropa colgada.
¿Será que esta lluvia
la va a lavar?

Havana Neighborhood

Laundry hung on lines.
Who says that this rain shower
won't wash it all clean?

Dulce de toronja

Abuela sirve
una tajada dulce,
sol en almíbar.

Dulce de Toronja

Abuela lets us
each eat a slice of sunlight—
candied pink grapefruit!

Mayo

Agua de mayo.
Qué sorpresa: la lluvia
hará milagros.

May

The downpours of May.
Oh! What a surprise: This rain
can work miracles.

Malecón

Rompe las olas,
acuna la Habana—
nanas rocosas.

Malecón

Seaside promenade that cradles Havana with stony lullabies.

Guayabera

Qué lisonjera,
camisa de las tardes
y duermevelas.

Guayabera

Oh so flattering
shirt for the hot afternoons
and warm, sleepless nights.

Cañonazo de las 9

¡Vaya estruendo!
Todos miran relojes—
y yo bostezo.

Cannon Shot at 9 O'Clock

A huge explosion!
Everyone looks at their watch—
but I instead yawn.

.

La salsa

¿Se originó
como música? ¿Baile?
¡Siente el ritmo!

Salsa

Which came first: music
or movement? Doesn't matter—
just feel the rhythm!

Cocuyo

Un farolito
que quiere iluminar
todo el monte.

Fire Beetle

A tiny lighthouse
that tries to illuminate
the whole mountainside.

¡Cubanidad!

No procedemos
del caribe y punto—
¡somos la isla!

Cubanidad!

We are not just from
some Caribbean island—
we are the island!

Cuba es un país en el Caribe con una población de más de 11 millones de habitantes. Es uno de los 21 países que componen lo que se llama Latinoamérica y su idioma oficial es el español.

Es un archipiélago, o conjunto de islas, ubicado en la intersección del Golfo de México, el Mar Caribe y el Océano Atlántico. La isla principal de Cuba mide 780 millas (1255 km) de largo y 119 millas (191 km) de ancho. El **Río Almendares**, aproximadamente 28 millas (45 km) de largo, cruza la parte occidental de Cuba y desemboca en el Estrecho de Florida.

La capital de Cuba es **La Habana**. Es famosa por un paseo marítimo de 5 millas (8 km) llamado el **Malecón**, y es donde también se encuentra el reconocido Faro del Castillo del Morro, parte de una fortaleza construida en 1845 que protege el puerto. Otro legado de su pasado colonial es el Castillo de la Cabaña, donde se dispara un **cañón** cada noche a las 9 en punto; muchos habitantes de La Habana utilizan esta explosión para asegurarse que sus relojes marcan la hora correcta.

La **Palma Real** (*Roystonea regia*) es el árbol nacional. El **Tocororo** (*Priotelus temnurus*) es el ave nacional y sus plumas son de los mismos colores que la bandera cubana: azul, blanco y rojo. Cuba es también el hogar del ave más pequeño del mundo, el **zunzún** (*Riccordia ricordii*), y es también común encontrar **cocuyos** (*Pyrophorus*) en el campo cubano. La producción agrícola cubana incluye caña de azúcar, tabaco, orquídeas y cítricos, como la toronja, que se utiliza para elaborar el postre **dulce de toronja**.

Debido a su compleja historia colonial, la población cubana proviene de una mezcla de orígenes étnicos, con ascendencia de pueblos indígenas caribeños, africanos esclavizados y colonizadores españoles y de otros países europeos. Su cultura y costumbres también tienen muchos orígenes diferentes o representan una mezcla de tradiciones. Es el caso de la **salsa**, un género tanto de música como de baile, y de la **guayabera**, una tradicional camisa bordada.

Según la leyenda popular de este país tropical, la primera tormenta de **mayo** otorga amor y belleza. Nadie está muy seguro de dónde viene el término **guagua** para el autobús, pero se utiliza comunmente en Cuba y en las Islas Canarias.

Cuba is a country in the Caribbean with a population of over 11 million people. It is one of the 21 countries that are considered Latin America and its official language is Spanish.

It is an archipelago, or a collection of islands, located at the intersection of the Gulf of Mexico, the Caribbean Sea, and the Atlantic Ocean. The main island of Cuba is 780 miles (1255km) long and 119 miles (191km) wide. The **Almendares River**, approximately 28 miles (45km) long, runs through the western part of Cuba and flows into the Straits of Florida.

The capital of Cuba is **Havana**. It is famous for a 5 mile (8km) seaside esplanade called the **Malecón** and is also where one can find a noteworthy lighthouse, the Faro of the Castillo del Morro, a fortress built in 1845 that guards the harbor. Another legacy of its colonial past is the Castillo de la Cabaña, which shoots off a **cannon** at exactly 9:00 every night; many inhabitants of Havana use this explosion to make sure their watches are set to the correct time.

The **Palma Real** (*Roystonea regia*) is the national tree of Cuba. The **Tocororo** or Cuban trogon (*Priotelus temnurus*) is the national bird, and its feathers are the same colors as the Cuban flag: blue, white, and red. Cuba is also home to the smallest bird in the world, the **Zunzún** or Cuban Emerald hummingbird (*Riccordia ricordii*), and it is also common to find **fire beetles** (*Pyrophorus*) in the Cuban countryside. Cuba's agriculture production includes sugarcane, tobacco, orchids, and citrus fruits, including grapefruits, which are used to make the dessert **dulce de toronja**.

Because of its complex colonial history, the people of Cuba have a mix of ethnic backgrounds, with ancestry from indigenous Caribbean peoples, enslaved Africans, and Spain and other European countries. Its culture and customs likewise have many different origins or represent a mix of traditions. This is the case of **salsa**, a genre of both music and dance, and the **guayabera**, a traditional embroidered shirt.

According to popular legend in this tropical country, the first rainstorm of **May** grants love and beauty. No one is quite sure where the term **guagua** for bus comes from, but it is commonly used in Cuba and the Canary Islands.

Edición bilingüe en español/inglés publicado
por primera vez en 2024 por Ediciones NorteSur,
un sello de NorthSouth Books Inc., Nueva York 10016,
un subsidiario de NordSüd Verlag AG, CH-8050 Zürich, Suiza.

Textos copyright © 2024 por Carlos Pintado & Lawrence Schimel
Ilustraciones copyright © 2024 por Juan José Colsa

Editado por Lisa Davis. Diseñado por Svenja Sund.

Las ilustraciones fueron realizados con acuarela, lápices de colores, gouache y acrílicos.

Los datos de catalogación en publicación de la Biblioteca del Congreso están disponibles.
Impreso en Latvia
ISBN: 978-0-7358-4568-8
1 3 5 7 9 - 10 8 6 4 2
www.northsouth.com
Este libro se ha impreso en papel certificado FSC procedente de fuentes responsables.

Para Amelia — C. P.